Miriam Cordes

Mein Badespaß

CARLSEN

Hier kann man Paulchen
und Entchen seh'n –
die beiden wollen baden
geh'n!

Das muss mit in Paulchens Wanne:
Schiffchen, Entchen, Eimer, Kanne.

Plitsch-platsch, das Badewasser spritzt ...

... und Entchen durch die Wellen flitzt!

Ein Bart aus Schaum, und schöne Mützen!

Aus Versehen gibt's noch mehr Pfützen ...

„Haare waschen, das muss sein!",
sagt Paulchen – und schäumt
Entchen ein.

Schnell trocken rubbeln, trocken hüpfen ...
und dann in 'was Warmes schlüpfen.